团 体 标 准

GN500 不锈钢波形梁护栏技术规程

Technical Codes for GN500 Stainless Steel W-Beam Guardrail

T/TMAC 104—2024

主编单位：北京中交华安科技有限公司
　　　　　冠众中企（上海）经济发展有限公司
　　　　　重庆交通大学
发布单位：中国技术市场协会
实施日期：2024 年 09 月 20 日

人民交通出版社

北　京

图书在版编目(CIP)数据

GN500 不锈钢波形梁护栏技术规程 / 北京中交华安科技有限公司，冠众中企（上海）经济发展有限公司，重庆交通大学主编 . — 北京：人民交通出版社股份有限公司，2024.11. — ISBN 978-7-114-19861-8

Ⅰ. U417.1-65

中国国家版本馆 CIP 数据核字第 20240JM502 号

标准类型：团体标准
标准名称：**GN500 不锈钢波形梁护栏技术规程**
标准编号：T/TMAC 104—2024
主编单位：北京中交华安科技有限公司
　　　　　冠众中企（上海）经济发展有限公司
　　　　　重庆交通大学
责任编辑：齐黄柏盈
责任校对：赵媛媛　魏佳宁
责任印制：刘高彤
出版发行：人民交通出版社
地　　址：(100011) 北京市朝阳区安定门外外馆斜街 3 号
网　　址：http://www.ccpcl.com.cn
销售电话：(010) 85285857
总 经 销：人民交通出版社发行部
经　　销：各地新华书店
印　　刷：北京交通印务有限公司
开　　本：880×1230　1/16
印　　张：3
字　　数：61 千
版　　次：2024 年 11 月　第 1 版
印　　次：2024 年 11 月　第 1 次印刷
书　　号：ISBN 978-7-114-19861-8
定　　价：38.00 元

(有印刷、装订质量问题的图书，由本社负责调换)

中国技术市场协会文件

2024 年第 12 号（总第 63 号）

关于发布《GN500 不锈钢波形梁护栏技术规程》等四项团体标准的公告

根据《中国技术市场协会团体标准管理办法》《中国技术市场协会团体标准工作程序》相关规定，《GN500 不锈钢波形梁护栏技术规程》《除尘器运行和检修技术规范》《火力发电 数字化碳管理体系建设规范》《抗融雪剂损伤沥青路面技术指南》四项团体标准已编制完成并通过审查。标准编号及名称如下：

编号	名称	主要完成单位
T/TMAC 104—2024	GN500 不锈钢波形梁护栏技术规程	北京中交华安科技有限公司、冠众中企（上海）经济发展有限公司、重庆交通大学
T/TMAC 105—2024	除尘器运行和检修技术规范	华电电力科学研究院有限公司、厦门绿洋环境技术股份有限公司、西安菲尔特金属过滤材料股份有限公司
T/TMAC 106—2024	火力发电 数字化碳管理体系建设规范	中国华能集团清洁能源技术研究院有限公司、华能陇东能源有限责任公司、华能（福建）能源开发有限公司
T/TMAC 107—2024	抗融雪剂损伤沥青路面技术指南	北京建筑大学、北京市市政工程设计研究总院有限公司、北京市道路工程质量监督站

上述标准于 2024 年 9 月 20 日发布并实施。

现予公告。

中国技术市场协会
2024 年 9 月 20 日

前 言

本规程按照《公路工程行业标准编写导则》(JTG 1003—2023)的规定起草。

本规程在广泛调查研究的基础上，结合理论研究、计算机仿真分析与实车足尺碰撞试验结果，认真总结实践经验，充分征求意见制定而成。本规程包括7章和1个附录：1 总则、2 术语、3 组成和设计代号、4 加工、5 设计、6 施工、7 检验评定，附录 A GN500 不锈钢波形梁护栏一般构造示例。

请注意本规程中的某些内容可能涉及专利。本规程的发布机构不承担识别专利的责任。

本规程由中国技术市场协会交通运输专业委员会提出，由中国技术市场协会归口。受中国技术市场协会委托，由北京中交华安科技有限公司负责具体解释工作，请有关单位将实施中发现的问题与建议反馈至北京中交华安科技有限公司（地址：北京市海淀区西土城路8号；联系电话：13521014226、010-82086191；电子邮箱：hs.zhang@riohts.cn），供修订时参考。

主编单位： 北京中交华安科技有限公司
冠众中企（上海）经济发展有限公司
重庆交通大学

参编单位： 广西北港新材料有限公司
同济大学
福州大学
西南交通大学
中交公路规划设计院有限公司
中铁长江交通设计集团有限公司
贵州省交通规划勘察设计研究院有限公司
中交路桥建设有限公司
四川路桥建设集团股份有限公司
四川省公路规划勘察设计研究院有限公司
四川省交通勘察设计研究院有限公司
广西广路实业投资集团有限公司
广西路桥工程集团有限公司
广东省交通规划设计研究院集团股份有限公司
中交第二航务工程局有限公司

中交第二公路工程局集团有限公司
中国铁建大桥工程局集团有限公司
山东高速路桥集团股份有限公司

主要起草人：张宏松　陈宜言　王仁贵　庄卫林　杨志刚　冯瑞胜
　　　　　　张宏超　王成虎　钟连德　申林林　段廷亮　潘料庭
　　　　　　吴清海　韩洪举　陈奉民　陈　柯　吴志刚　杨　健
　　　　　　卢冠楠　卢　伟　刘小波　蒋赣猷　韩　玉　尹东升
　　　　　　刘振宇　王槐勇　廖　玲　郑　谧
审查专家：刘家镇　王　太　陈宗伟　周志伟　赵君黎　辛国树
　　　　　蒋　彬　马保龙　冯　苊　韩亚楠

目　次

1 总则 ·· 1
2 术语 ·· 2
3 组成和设计代号 ·· 3
　3.1 组成 ··· 3
　3.2 设计代号 ··· 4
4 加工 ·· 6
　4.1 材料 ··· 6
　4.2 外观质量 ··· 7
　4.3 外形尺寸与允许偏差 ·· 7
　4.4 防腐质量 ··· 13
　4.5 试验方法 ··· 13
　4.6 检验规则 ··· 14
5 设计 ·· 16
　5.1 一般要求 ··· 16
　5.2 设置要求 ··· 16
6 施工 ·· 18
　6.1 进场检验 ··· 18
　6.2 施工要求 ··· 19
7 检验评定 ·· 20
附录 A　GN500 不锈钢波形梁护栏一般构造示例 ··························· 22
本规程用词用语说明 ·· 37

1 总则

1.0.1 本规程规定了GN500不锈钢波形梁护栏的组成和设计代号、加工、设计、施工与检验评定。

1.0.2 本规程适用于公路和城市道路用GN500不锈钢波形梁护栏。

1.0.3 GN500不锈钢波形梁护栏除应符合本规程的规定外,尚应符合国家和行业现行有关标准的规定。

2 术语

下列术语和定义适用于本规程。

2.0.1 GN500 不锈钢　GN500 stainless steel

铬含量至少为 16.5%（质量分数），氮含量至少为 0.20%（质量分数），且屈服强度下限值介于 420~500MPa 的奥氏体不锈钢。

2.0.2 GN500 不锈钢波形梁护栏　GN500 stainless steel W-beam guardrail

三波形梁板、立柱采用 GN500 不锈钢加工制造而成的波形梁护栏。

3 组成和设计代号

3.1 组成

3.1.1 GN500 不锈钢波形梁护栏由三波形梁板、立柱、防阻块、拼接螺栓、连接螺栓等构件组成。护栏标准段横断面布置如图 3.1.1 所示。

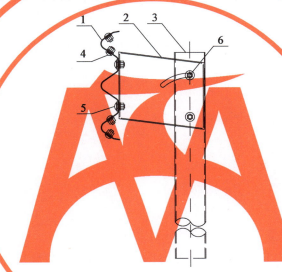

图 3.1.1 GN500 不锈钢波形梁护栏横断面布置图
1-三波形梁板；2-防阻块；3-立柱；4-拼接螺栓；5-连接螺栓 1；6-连接螺栓 2

3.1.2 护栏一般构造详见本规程附录 A，主要构件的尺寸规格应符合表 3.1.2 的规定。

表 3.1.2 构件规格表

构件名称	型号	规格	用途
三波形梁板	RTB01	4320mm × 506mm × 85mm × 2.9mm	标准板
	RTB02	3320mm × 506mm × 85mm × 2.9mm	调节板
	RTB03	2320mm × 506mm × 85mm × 2.9mm	调节板
过渡板[1]	TR01	4320mm × 506mm × 85mm × 4mm	用于不锈钢三波形梁板与其他钢材的三波形梁板过渡

续表 3.1.2

构件名称	型号	规格	用途
立柱	PSP	φ140mm×2.9mm	—
防阻块	BG	390mm×310mm×80mm（50mm）×2.9mm	—
拼接螺栓	JI-1	M16×35mm	用于波形梁板的拼接
连接螺栓1	JII-1	M16×45mm	用于波形梁板与防阻块的连接
连接螺栓2	JII-2	M16×180mm	用于防阻块与立柱连接

注：[1] 过渡板图见图 A.0.3。

3.2 设计代号

3.2.1 GN500 不锈钢波形梁护栏标准段设计代号由护栏构造型式代号、防护等级代号、埋设条件代号三部分组成。

1 护栏构造型式代号：

GrGS——GN500 不锈钢波形梁护栏。

2 防护等级代号：

SB——路侧四（SB）级。

SBm——中央分隔带四（SBm）级。

3 埋设条件代号：

nE——埋设于土中，立柱间距为 n（m）。

nB1——埋设于桥梁、通道、明涵结构物中，采用预埋套筒的基础处理方式，立柱间距为 n（m）。

nB2——埋设于桥梁、通道、明涵结构物中，采用预埋地脚螺栓的基础处理方式，立柱间距为 n（m）。

nB3——埋设于桥梁、通道、明涵结构物中，采用植筋螺栓的基础处理方式，立柱间距为 n（m）。

nC——埋设于独立设置的混凝土基础中，立柱间距为 n（m）。

3.2.2 GN500 不锈钢波形梁护栏可按照以下方法进行标注：

1 通式：

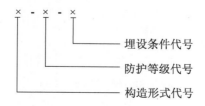

2 示例:

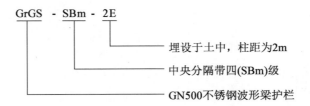

4 加工

4.1 材料

4.1.1 三波形梁板、过渡板、立柱应采用 GN500 不锈钢材料。GN500 不锈钢材料化学成分及材料力学性能要求应符合表 4.1.1-1、表 4.1.1-2 的规定。

表 4.1.1-1 GN500 不锈钢材料化学成分（质量分数）

牌号	化学成分（质量分数）（%）								
	C	Si	P	S	Mn	Cr	Ni	N	Cu
GN500	0.08	1.00	0.06	0.015	7.00~9.00	16.50~18.00	1.00~2.50	0.20~0.30	0.80~1.50

注：表中所列的成分除标明范围，其余均为最大值。

表 4.1.1-2 GN500 不锈钢材料力学性能

牌号	屈服强度（或规定塑性延伸强度 $R_{p0.2}$）（MPa）	抗拉强度 R_m（MPa）	断后伸长率 A（%）
GN500	≥420	≥780	≥40

4.1.2 防阻块可采用 GN500 不锈钢或低合金高强度结构钢材料制造。采用 GN500 不锈钢材料制造时，其化学成分及材料力学性能要求应符合表 4.1.1-1、表 4.1.1-2 的规定。采用低合金高强度结构钢材料制造时，其化学成分及力学性能指标应不低于现行《低合金高强度结构钢》（GB/T 1591）规定的 Q355 牌号钢的要求，主要力学性能考核指标为上屈服强度不小于 355MPa、抗拉强度不小于 470MPa、断后伸长率不小于 22%。

4.1.3 拼接螺栓、连接螺栓应采用高强度螺栓，其公称直径为 16mm，化学成分及材料力学性能应满足如下要求：

1 螺栓、螺母、垫圈选用不锈钢材料制造时，螺栓的机械性能等级应为 80 级，螺栓、螺母材料的化学成分及力学性能应符合现行《紧固件机械性能 不锈钢螺栓、螺钉和螺柱》（GB/T 3098.6）和《紧固件机械性能 不锈钢螺母》（GB/T 3098.15）的规定；垫圈的化学成分及材料力学性能要求应符合表 4.1.1-1、表 4.1.1-2 的规定。

2 螺栓、螺母、垫圈选用优质碳素结构钢或合金结构钢材料制造时，螺栓的机械性能等级应为 8.8 级，其材料的化学成分及力学性能应符合现行《优质碳素结构钢》（GB/T 699）或《合金结构钢》（GB/T 3077）的规定。

4.1.4 横梁垫片可采用 GN500 不锈钢或碳素结构钢材料制造。采用 GN500 不锈钢材料制造时，其化学成分及材料力学性能要求应符合表 4.1.1-1、表 4.1.1-2 的规定。采用碳素结构钢材料制造时，其化学成分及力学性能指标应不低于现行《碳素结构钢》（GB/T 700）规定的 Q235 牌号钢的要求，主要力学性能考核指标为下屈服强度不小于 235MPa、抗拉强度不小于 375MPa、断后伸长率不小于 26%。

4.2 外观质量

4.2.1 GN500 不锈钢构件宜采用热轧钢带加工，加工前外观质量应符合现行《不锈钢热轧钢板和钢带》（GB/T 4237）的规定。

4.2.2 不锈钢构件加工后，表面应均匀完整、颜色一致、不反光或呈哑光状，圆弧处允许出现不明显的色差和光亮度差异，距切割断面边缘 2mm 外的区域不应出现红色锈蚀现象。

4.2.3 防腐处理后的钢构件，外观质量应符合现行《公路交通工程钢构件防腐技术条件》（GB/T 18226）的规定。

4.3 外形尺寸与允许偏差

4.3.1 三波形梁板和过渡板的外形尺寸与允许偏差应满足如下要求：
  1 三波形梁板和过渡板的外形及标注符号分别见图 4.3.1-1、图 4.3.1-2，横截面公称尺寸及允许偏差应符合表 4.3.1-1 的规定。θ 应不大于 10°。

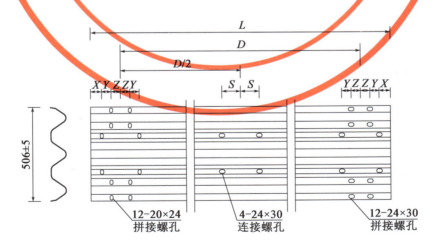

a) 三波形梁板

图 4.3.1-1

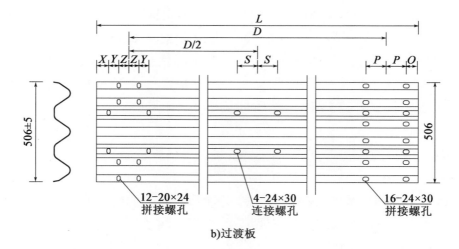

b) 过渡板

图 4.3.1-1 三波形梁板和过渡板（尺寸单位：mm）

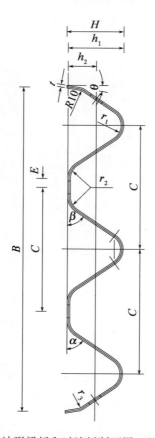

图 4.3.1-2 三波形梁板和过渡板断面图（尺寸单位：mm）

表 4.3.1-1 三波形梁板和过渡板横截面公称尺寸及允许偏差（mm）

品名	B	H	t	h_1	h_2	C	E	r_1	r_2	r_3	α	β	θ
三波形梁板	506_{-5}^{+5}	85_{0}^{+3}	$2.9_{0}^{+不限定}$	83_{-2}^{+2}	42	194_{-2}^{+2}	14	24	24	10	55°	55°	10°
过渡板	506_{-5}^{+5}	85_{0}^{+3}	$2.9_{0}^{+不限定}$	83_{-2}^{+2}	42	194_{-2}^{+2}	14	24	24	10	55°	55°	10°

2 三波形梁板和过渡板长度、螺孔定位距尺寸及其允许偏差应符合表 4.3.1-2 的规定。

表 4.3.1-2　波形梁板螺孔定位公称尺寸及允许偏差（mm）

品名	型号	公称尺寸及允许偏差									
		L	D	D/2	D/4	S	X	Y	Z	P	O
三波形梁板	RTB01	$4320^{+\text{不限定}}_{-5}$	4000^{+4}_{-4}	2000	1000	100^{+5}_{-5}	60^{+32}_{-5}	50^{+1}_{-1}	50^{+1}_{-1}	—	—
	RTB02	$3320^{+\text{不限定}}_{-3}$	3000^{+3}_{-3}	1500	—	100^{+5}_{-5}	60^{+32}_{-5}			—	—
	RTB03	$2320^{+\text{不限定}}_{-2}$	2000^{+2}_{-2}	1000	—	100^{+5}_{-5}	60^{+32}_{-5}			—	—
过渡板	TR01	$4320^{+\text{不限定}}_{-5}$	4000^{+4}_{-4}	2000	1000	100^{+5}_{-5}	60^{+32}_{-5}	50^{+1}_{-1}	50^{+1}_{-1}	108^{+2}_{-2}	52^{+32}_{-5}

3 三波形梁板和过渡板的弯曲度应不大于 1.5mm/m，总弯曲度应不大于三波形梁板定尺长度的 0.15%。

4 三波形梁板和过渡板端面切口应垂直，其垂直度允许偏差应不超过 30′。

5 三波形梁板螺孔尺寸与允许偏差应符合图 4.3.1-3、表 4.3.1-3 的规定。

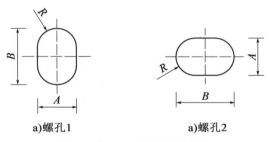

图 4.3.1-3　三波形梁板螺孔

表 4.3.1-3　三波形梁板螺孔公称尺寸及允许偏差（mm）

品名	型号	公称尺寸及允许偏差		
		A	B	R
三波形梁板螺孔 1	P-1	20^{+1}_{-0}	24^{+1}_{-1}	10
三波形梁板螺孔 2	P-2	24^{+1}_{-0}	30^{+1}_{-1}	12

4.3.2　立柱的外形尺寸及允许偏差应满足如下要求：

1 立柱定尺长度应按设计文件要求确定。

2 立柱断面形状、尺寸及标注符号见图 4.3.2，立柱公称尺寸及允许偏差应符合表 4.3.2 的规定。

表 4.3.2　立柱公称尺寸及允许偏差（mm）

品名	类别	公称尺寸及允许偏差						
		L	D	ϕ	t	h	b[1]	m
立柱	钢管	L^{+20}_{-20}	$140^{+1.4}_{-1.4}$	20^{+1}_{0}	$2.9^{+\text{不限定}}_{0}$	106^{+3}_{-3}	40^{+2}_{-2}	194

注：[1] 图 4.3.2 为立柱预留 2 个连接螺孔的情形。当立柱不预留连接螺孔时，不考虑 b 值尺寸。

3 立柱螺孔位置及允许偏差应符合图 4.3.2、表 4.3.2 的规定。

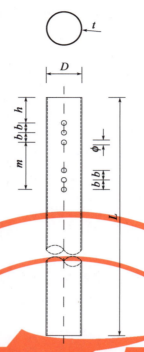

图 4.3.2 立柱

4 立柱弯曲度应不大于1.5mm/m，总弯曲度应不大于立柱定尺长度的0.15%。
5 立柱端面切口应与轴线垂直，其垂直度公差应不超过1°。

4.3.3 防阻块应成对安装在立柱的两侧，防阻块的外形及标注符号见图4.3.3，其公称尺寸及允许偏差应符合表4.3.3的规定。

表 4.3.3 防阻块公称尺寸及允许偏差（mm）

型号	公称尺寸及允许偏差									
	t	a	a_1	a_2	b	b_1	h	h_1	c	c_1
防阻块1	$2.9^{+不限定}_{0}$	80^{+2}_{-2}	50^{+2}_{-2}	50^{+2}_{-2}	390^{+2}_{-2}	65^{+2}_{-2}	310^{+2}_{-2}	58^{+2}_{-2}	194^{+2}_{-2}	58^{+2}_{-2}
防阻块2	$2.9^{+不限定}_{0}$	80^{+2}_{-2}	50^{+2}_{-2}	50^{+2}_{-2}	390^{+2}_{-2}	65^{+2}_{-2}	310^{+2}_{-2}	58^{+2}_{-2}	194^{+2}_{-2}	58^{+2}_{-2}

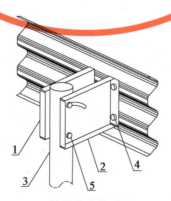

a) 防阻块安装示意

图 4.3.3

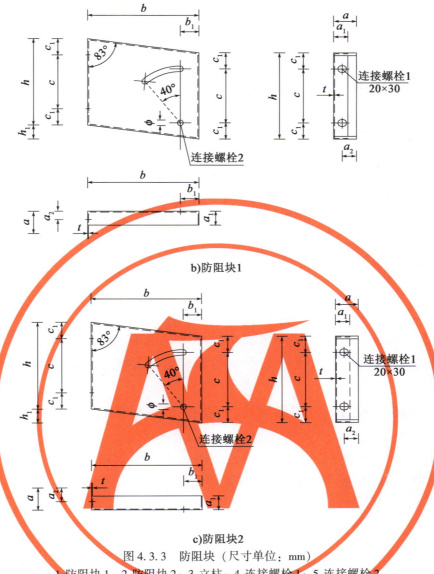

c)防阻块2

图4.3.3 防阻块（尺寸单位：mm）

1-防阻块1；2-防阻块2；3-立柱；4-连接螺栓1；5-连接螺栓2

4.3.4 拼接螺栓的外形尺寸与允许偏差应满足如下要求：

1 拼接螺栓及配套螺母、垫圈的外形见图4.3.4，其公称尺寸及允许偏差应符合表4.3.4的规定。

拼接螺栓JI-1

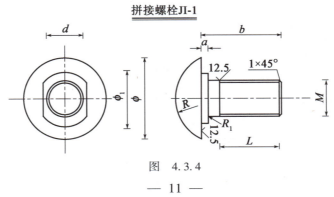

图 4.3.4

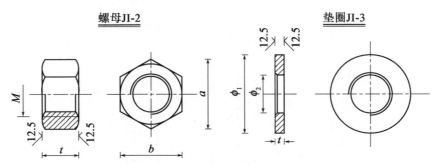

图 4.3.4 拼接螺栓及配套螺母和垫圈（尺寸单位：mm）

表 4.3.4 拼接螺栓公称尺寸及允许偏差（mm）

品名		公称尺寸及允许偏差									用途
		a	b	t	R	ϕ	d	R_1	ϕ_1	ϕ_2	
拼接螺栓	JI-1	3.0	35	—	SR20	36	16	12	26	—	用于板与板的拼接
螺母	JI-2	31.2	27	16	—	—	—	—	—	—	与拼接螺栓配套使用
垫圈	JI-3	—	—	2.9	—	—	—	—	42	17	
				4							

2 应依据选取的材料确定垫圈基底金属厚度。选取 GN500 不锈钢材料时，基底金属厚度应不小于 2.9mm；选取优质碳素结构钢或合金结构钢材料时，基底金属厚度应不小于 4mm。

3 带螺纹的拼接螺栓经涂层处理后，不应因涂层而影响配合。

4.3.5 连接螺栓的外形尺寸与允许偏差应满足如下要求：

1 连接螺栓及配套螺母、垫圈或横梁垫片的外形见图 4.3.5，其公称尺寸及允许偏差应符合表 4.3.5 的规定。

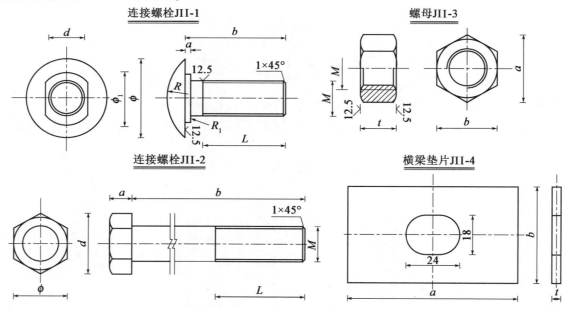

图 4.3.5 连接螺栓及配套螺母、垫圈或横梁垫片（尺寸单位：mm）

表 4.3.5 连接螺栓公称尺寸及允许偏差（mm）

品名		公称尺寸及允许偏差									用途
		a	b	t	R	ϕ	d	R_1	ϕ_1	ϕ_2	
连接螺栓1	JII-1	2.5	45	—	SR20	36	16	10	26	—	用于波形梁与防阻块连接
连接螺栓2	JII-2	12.5	180	—	—	30	34.5	—	—	—	用于防阻块与立柱连接
螺母	JII-3	31.2	27	16	—	—	—	—	—	—	与连接螺栓配套使用
垫圈	JI-3	—	—	2.9	—	—	—	—	42	17	与连接螺栓配套使用
		—	—	4	—	—	—	—	42	17	
横梁垫片	JII-4	76^{+1}_{-1}	44^{+1}_{-1}	2.9	—	—	—	—	—	—	
				4							

2 应依据选取的材料确定垫圈基底金属厚度。选取 GN500 不锈钢材料时，基底金属厚度应不小于 2.9mm；选取优质碳素结构钢或合金结构钢材料时，基底金属厚度应不小于 4mm。

3 应依据选取的材料确定横梁垫片基底金属厚度。选取 GN500 不锈钢材料时，基底金属厚度应不小于 2.9mm；选取碳素结构钢材料时，基底金属厚度应不小于 4mm。

4 带螺纹的连接螺栓经涂层处理后，不应因涂层而影响配合。

4.4 防腐质量

4.4.1 不锈钢构件经 168h 中性盐雾试验后，距切割断面边缘 2mm 外的区域不应出现红色锈蚀现象。

4.4.2 经防腐处理后的钢构件，防腐层质量应符合现行《公路交通工程钢构件防腐技术条件》（GB/T 18226）的有关规定。

4.5 试验方法

4.5.1 GN500 不锈钢波形梁护栏材料性能的试验方法应满足如下要求：

1 GN500 不锈钢化学成分应按现行《不锈钢热轧钢板和钢带》（GB/T 4237）规定的试验方法执行；低合金高强度结构钢化学成分应按现行《低合金高强度结构钢》（GB/T 1591）规定的试验方法执行。需方认为有必要时，可对制造本批护栏构件的基底材料取样进行化学成分试验。

2 三波形梁板、立柱和防阻块材料的屈服强度、抗拉强度和断后伸长率应按现行《金属材料 拉伸试验 第 1 部分：室温试验方法》（GB/T 228.1）的规定执行。采用方法 B 时，应力速率控制为 15MPa/s。当无明显屈服点时，取规定塑性延伸强度 $R_{p0.2}$ 为参考屈服强度，并在试验报告中注明。

3 拼接螺栓连接副的抗拉荷载和连接螺栓连接副的抗拉强度应按照现行《波形梁钢护栏 第 1 部分：两波形梁钢护栏》（GB/T 31439.1）规定的试验方法执行。

4.5.2 GN500 不锈钢波形梁护栏外观质量、外形尺寸应按照现行《波形梁钢护栏 第 2 部分：三波形梁钢护栏》（GB/T 31439.2）规定的试验方法执行。

4.5.3 中性盐雾试验应按照现行《人造气氛腐蚀试验 盐雾试验》（GB/T 10125）的有关规定进行。

4.5.4 钢构件防腐层质量应按现行《公路交通工程钢构件防腐技术条件》（GB/T 18226）规定的试验方法执行。

4.6 检验规则

4.6.1 G500 不锈钢波形梁护栏的型式检验应满足如下要求：

1 产品型式检验合格后才能批量生产。
2 型式检验应在生产线终端或生产单位的成品库内随机抽取 3 件样品。型式检验项目见表 4.6.1，按本规程的要求进行检验。

表 4.6.1 检验项目一览表

序号	项目名称	技术要求	检验方法	型式检验	出厂检验
1	化学成分	4.1	4.5.1	○	○
2	力学性能	4.1	4.5.1	√	○
3	外观质量	4.2	4.5.2	√	√
4	外形尺寸	4.3	4.5.2	√	√
5	耐盐雾性能	4.4	4.5.3	√	○
6	防腐层质量	4.4	4.5.4	√	√

注：√为检验项目，○为选做项目。

3 型式检验宜每年进行一次，如有下列情况之一时，也应进行型式检验：

1）新设计试制的产品；
2）正式生产过程中，如原材料、半成品、工艺有较大改变，可能影响产品性能时；
3）出厂检验结果与上次型式检验有较大差异时；
4）相关部门或第三方监督质检机构提出型式检验时。

4 型式检验时，如有任一项指标不符合标准要求时，则需在同批产品中重新抽取双倍试样，对该项目进行复验；复验结果仍然有指标不符合标准要求时，则判定该型式检验为不合格。

4.6.2 GN500不锈钢波形梁护栏的出厂检验应满足如下要求：

1 产品应经质量检验部门检验合格并附产品质量合格证方可出厂，出厂检验项目见表4.6.1。

2 产品应成批检验，同一批原材料和同一工艺生产的同种部件可组为一批。

3 抽样方法按现行《随机数的产生及其在产品质量抽样检验中的应用程序》（GB/T 10111）的规定进行。

4 出厂检验项目如有任一项指标不符合标准要求时，则需在同批产品中重新抽取双倍试样，对该项指标进行复验；复验结果仍然不合格时，则判定该批次为不合格。

5 设 计

5.1 一般要求

5.1.1 GN500 不锈钢波形梁护栏的设计应体现宽容设计、适度防护的理念，同时应遵循绿色、循环、低碳发展的目标要求。

5.1.2 GN500 不锈钢波形梁护栏防护等级应满足现行《公路护栏安全性能评价标准》（JTG B05-01）中四（SB）级要求。

5.1.3 GN500 不锈钢波形梁护栏任何部分不得侵入公路建筑限界。

5.1.4 GN500 不锈钢波形梁护栏采用防盗紧固技术时，其螺栓的机械性能和拆装操作性能应满足本规程的要求。

5.1.5 GN500 不锈钢波形梁护栏的设计宜考虑公路运营期间路面加铺、罩面等因素的影响，并采用一定的技术措施。

5.2 设置要求

5.2.1 路侧、中央分隔带内土基压实度宜不小于90%，当土基压实度不足时，应采取加强措施。

5.2.2 因设置条件无法满足设置要求时，可根据实际条件在确保防护性能的前提下，依据现行《公路交通安全设施设计细则》（JTG/T D81）的相关要求或采用有限元分析方法论证的方式对 GN500 不锈钢波形梁护栏结构进行局部调整。

5.2.3 设置 GN500 不锈钢波形梁护栏时，应与公路线形相一致，并应加强与相邻路段防护设施的过渡连接或端部处理。处理方式可参考本规程附录 A.0.3～A.0.13。

5.2.4 GN500 不锈钢波形梁护栏立柱位于公路土路肩内时，立柱宜采用直接打入式，立柱外侧土路肩保护层厚度应不小于25cm。当立柱外侧土路肩保护层宽度不足时，应采取加强措施。因地质、构造物等影响立柱打入时，可采用套管、法兰盘固定立柱或直接将立柱埋置于混凝土基础中。

5.2.5 以 GN500 不锈钢波形梁护栏面与路面的相交线为设计基准线，横梁中心高度应符合下列规定：

1 横梁中心高度为 697mm。

2 靠近车辆方向路缘石面宜位于护栏面后，否则横梁中心高度还应增加路缘石的高度。

5.2.6 GN500 不锈钢波形梁护栏立柱的埋深和间距应符合下列规定：

1 设置于土基中的护栏，立柱路面以下的埋深应不小于 115cm，立柱间距应为 2m。

2 设置于石方、地下有管线等路段独立钢筋混凝土基础内的护栏，立柱在基础内埋深应不小于 40cm，立柱间距宜为 2m。

3 设置于桥梁、通道、明涵等与主体结构一体化受力的钢筋混凝土基础的护栏，立柱埋深应不小于 30cm，立柱间距宜为 1m。

5.2.7 GN500 不锈钢波形梁护栏立柱可适当加长并预留连接孔，以解决公路运营期间路面加铺、罩面等因素造成护栏横梁中心高度不足的问题。

6 施工

6.1 进场检验

6.1.1 施工所用的 GN500 不锈钢波形梁护栏应具有出厂合格证、产品检测报告或质量证明文件，并应符合下列规定：

1 出厂合格证应包括生产商名称、产品和原材料名称、执行标准号、等级、规格、型号、数量、出厂日期、批号等信息。

2 该产品应依据国家或行业相关标准对安全性能进行检测并合格，并取得具有相关资质机构出具的检测报告。

3 质量证明文件内容应包括产品和原材料的执行标准、规格、性能和技术参数、检验人员等信息。

6.1.2 施工所用 GN500 不锈钢波形梁护栏进场时宜按表 6.1.2-1、表 6.1.2-2 的抽样方法进行质量验收检验，合格后方可使用。当检验项目中有不合格项时，应取双倍数量的样品对该不合格项进行复验；复验仍不合格时，则该批次产品为不合格。

表 6.1.2-1 三波形梁板、立柱、防阻块检验项目及抽样频率

检验项目		抽样频率
1 材料力学性能	1.1 抗拉强度	3 件/批
	1.2 屈服强度	3 件/批
	1.3 伸长率	3 件/批
2 外形尺寸	2.1 三波形梁板宽	5%
	2.2 立柱直径	5%
	2.3 防阻块外形尺寸	5%
	2.4 板厚（或壁厚）	10%
3 防腐层质量	3.1 防腐层厚度	10%
	3.2 防腐层附着性	5%

注：以件为单位，起始组批数量为 1250 件，每增加 5000 件为一批。

表 6.1.2-2　螺栓检验项目及抽样频率

检验项目		抽样频率
1　抗拉强度（整体抗拉荷载）		18 套/批
2　外形尺寸	2.1　螺栓直径	0.5%
	2.2　螺栓长度	0.5%
3　防腐层质量	3.1　镀层厚度	0.5%
	3.2　附着性	0.5%

注：以套为单位，起始组批数量为 10000 套，每增加 10000 套为一批。

6.1.3　相关方对进场检验有特殊要求时，宜会同监理单位和设计单位制定检验规则。

6.1.4　除设计文件另行规定外，GN500 不锈钢波形梁护栏产品所用的各种材料的规格、材质均应符合本规程的要求，其中厚度为不含防腐层的基底金属厚度。

6.2　施工要求

6.2.1　GN500 不锈钢波形梁护栏的施工应满足本规程和设计文件要求，并符合现行《公路交通安全设施施工技术规范》（JTG/T 3671）的有关规定。

6.2.2　防阻块应通过连接螺栓成对安装在立柱两侧，在拧紧连接螺栓前应调整防阻块使其准确就位。不得改变防阻块的形状、方向。

6.2.3　三波形梁板安装时，应沿行车方向将相邻后方的三波形梁板搭在前方的三波形梁板上，通过拼接螺栓贯穿相邻三波形梁板的拼接螺孔相互连接成纵向横梁，并由连接螺栓贯穿连接螺孔固定于防阻块上。

6.2.4　现场施工时，应采取措施避免不锈钢构件发生损伤。造成构件损伤时，应进行修复。

6.2.5　施工过程中应加强质量检查，各检查项目应符合表 6.2.5 的规定。

表 6.2.5　GN500 不锈钢波形梁护栏施工质量过程控制项目

项次	检查项目	规定值或允许误差	检查方法
1	横梁中心高度（mm）	±20	尺量
2	立柱中距（mm）	±20	尺量
3	立柱竖直度（mm/m）	≤10	垂线法
4	立柱外边缘距土路肩边缘线距离（mm）	≥250 或不小于设计要求	尺量
5	立柱埋置深度（mm）	不小于设计要求	尺量
6	螺栓最终拧力矩	设计值 ±10%	扭力扳手

7 检验评定

7.0.1 GN500不锈钢波形梁护栏施工质量检验评定应按现行《公路工程质量检验评定标准 第一册 土建工程》(JTG F80/1)或《公路养护工程质量检验评定标准 第一册 土建工程》(JTG 5220)的有关规定执行。

7.0.2 GN500不锈钢波形梁护栏应符合下列基本要求：
1 路肩和中央分隔带的土基压实度应不小于设计值。
2 立柱的埋深及基础处理应满足设计要求。
3 护栏各构件的安装应满足设计要求并符合施工技术规范的规定，防阻块不得现场焊割和钻孔，波形梁板搭接方向应正确。
4 护栏的端头处理及护栏过渡段的处理应满足设计要求。

7.0.3 GN500不锈钢波形梁护栏构件尺寸和施工允许偏差等实测项目应符合表7.0.3的规定。

表7.0.3 GN500不锈钢波形梁护栏实测项目

项次	检查项目	规定值或允许偏差	检查方法和频率
1△	三波形梁板金属厚度（mm）	符合4.3.1或设计文件要求	板厚千分尺：抽查板块数的5%，且不少于10块
2△	立柱金属壁厚（mm）	符合4.3.2或设计文件要求	板厚千分尺：抽查2%，且不少于10根
3△	横梁中心高度（mm）	±20	尺量：每1km每侧测5处
4	立柱中距（mm）	±20	尺量：每1km每侧测5处
5	立柱竖直度（mm/m）	±10	垂线法：每1km每侧测5处
6	立柱外边缘距土路肩边缘线距离（mm）	≥250或不小于设计要求	尺量：每1km每侧测5处
7	立柱埋置深度（mm）	不小于设计要求	尺量：每1km每侧测5处
8	螺栓最终拧力矩	设计值±10%	扭力扳手：每1km每侧测5处

注：△为关键项目。

7.0.4 GN500 不锈钢波形梁护栏外观质量应满足下列要求：

1 不锈钢构件表面应无明显划痕。
2 防腐处理后的钢构件表面应无漏镀、露铁、擦痕。
3 护栏线形应无凹凸、起伏现象。

附录 A GN500 不锈钢波形梁护栏一般构造示例

A.0.1 GN500 不锈钢波形梁护栏路侧设置示例如图 A.0.1 所示。

A.0.2 GN500 不锈钢波形梁护栏中央分隔带设置示例如图 A.0.2 所示。

A.0.3 GN500 不锈钢波形梁护栏与现行《公路交通安全设施设计细则》（JTG/T D81）SB 级波形梁护栏过渡段结构示例如图 A.0.3 所示。

A.0.4 GN500 不锈钢波形梁护栏起始段外展式端头结构示例如图 A.0.4 所示。

A.0.5 GN500 不锈钢波形梁护栏起始段防撞端头设置示例如图 A.0.5 所示。

A.0.6 GN500 不锈钢波形梁护栏下游端头结构示例如图 A.0.6 所示。

A.0.7 GN500 不锈钢波形梁护栏与混凝土护栏过渡段结构示例如图 A.0.7 所示。

A.0.8 GN500 不锈钢波形梁护栏与中央分隔带开口护栏过渡段结构示例如图 A.0.8 所示。

A.0.9 GN500 不锈钢波形梁护栏中央分隔带分设型护栏端头结构示例如图 A.0.9 所示。

A.0.10 GN500 不锈钢波形梁护栏三角地带护栏布设示例如图 A.0.10 所示。

A.0.11 GN500 不锈钢波形梁护栏隧道入口处护栏端部处理结构示例如图 A.0.11 所示。

A.0.12 GN500 不锈钢波形梁护栏跨边沟外展式端头结构示例如图 A.0.12 所示。

A.0.13 GN500 不锈钢波形梁护栏与缆索护栏过渡段结构示例如图 A.0.13 所示。

A.0.14 GN500 不锈钢波形梁护栏与桥梁梁柱式金属护栏过渡段结构示例如图 A.0.14 所示。

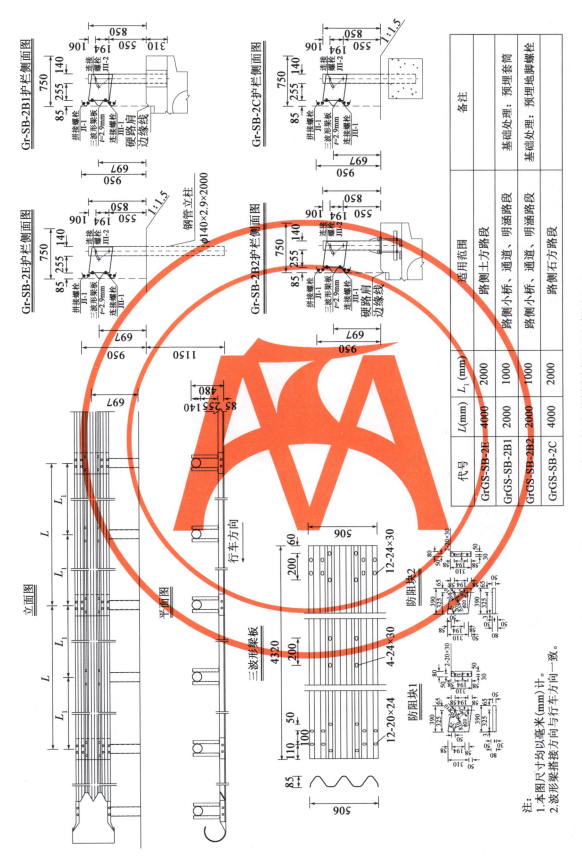

图 A.0.1 GN500不锈钢波形梁护栏路侧设置示例图

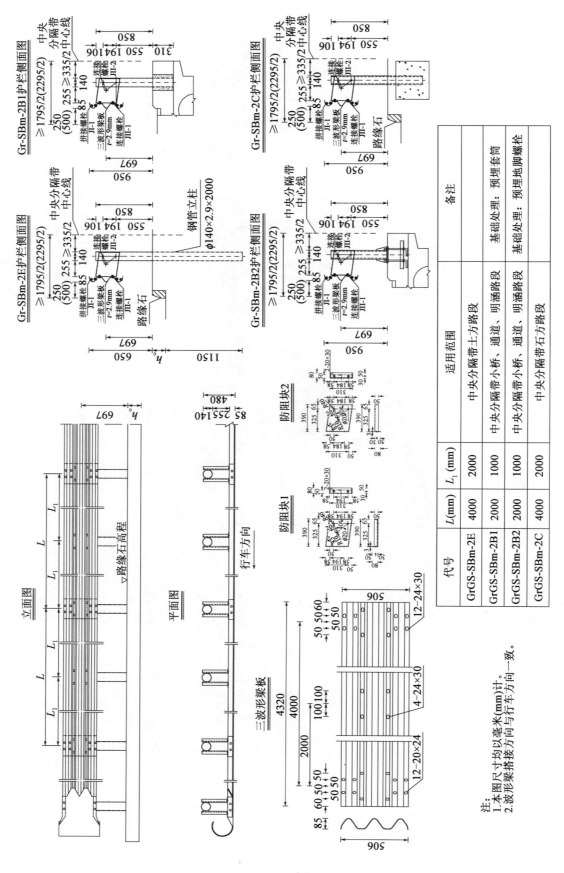

图 A.0.2 GN500不锈钢波形梁护栏中央分隔带设置示例

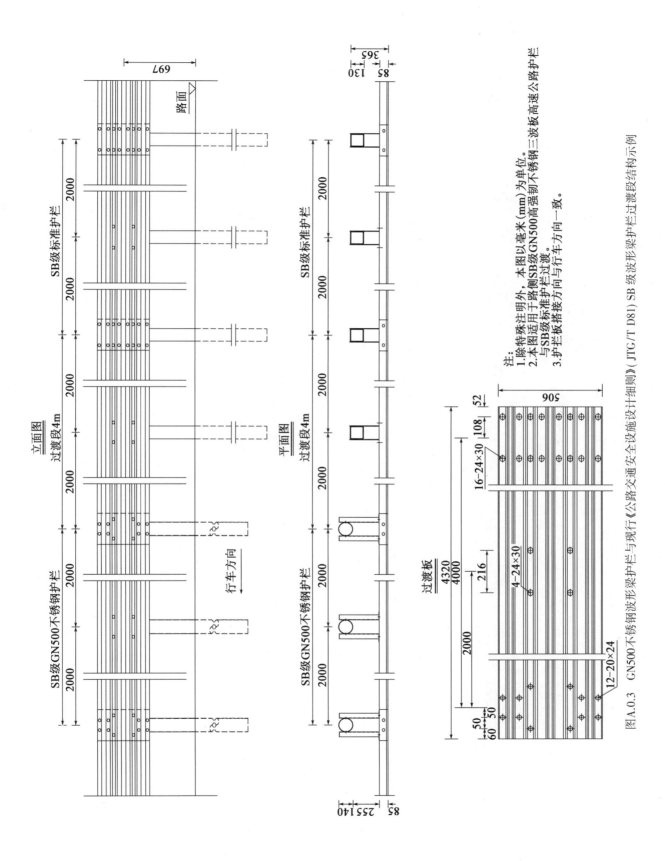

图 A.0.3 GN500不锈钢波形梁护栏与现行《公路交通安全设施设计细则》(JTG/T D81) SB级波形梁护栏过渡段结构示意

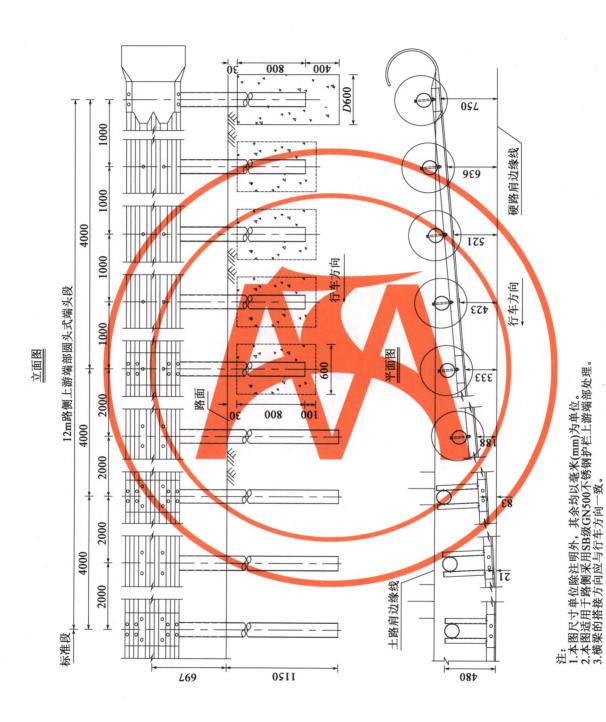

图 A.0.4　GN500不锈钢波形梁护栏起始段外展式端头结构示例

注：
1.本图尺寸单位除注明外，其余均以毫米(mm)为单位。
2.本图适用于路侧SB级GN500不锈钢护栏上游端部处理。
3.横梁的搭接方向应与行车方向一致。

GN500 不锈钢波形梁护栏一般构造示例

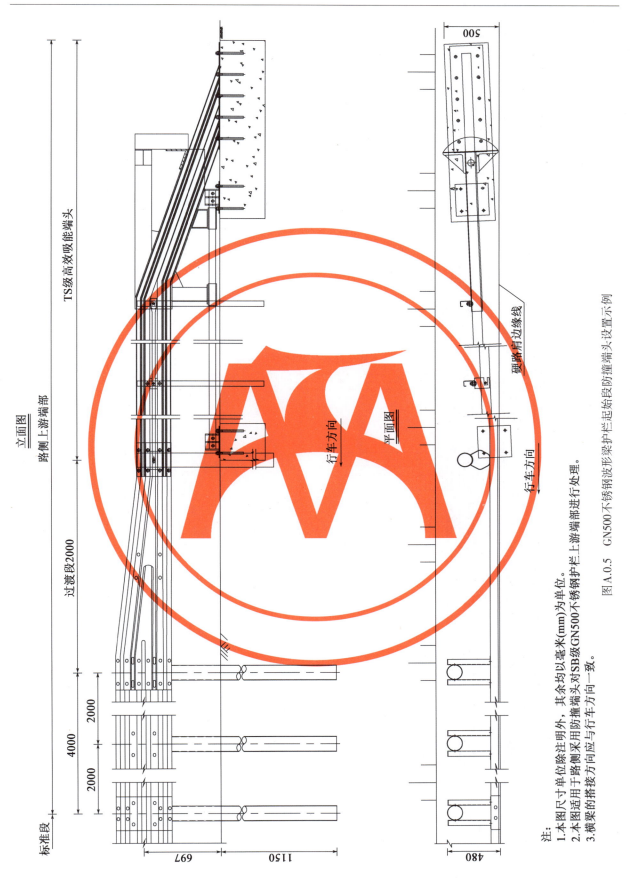

图 A.0.5　GN500不锈钢波形梁护栏起始段防撞端头设置示例

注：
1. 本图尺寸单位除注明外，其余均以毫米(mm)为单位。
2. 本图适用于路侧采用防撞端头对SB级GN500不锈钢护栏上游端部进行处理。
3. 横梁的搭接方向应与行车方向一致。

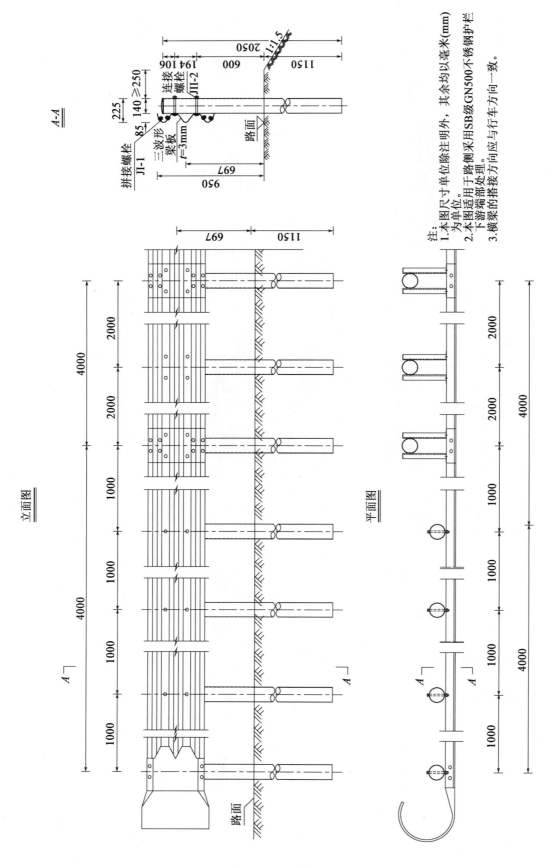

图 A.0.6 GN500不锈钢波形梁护栏下游端头结构示例

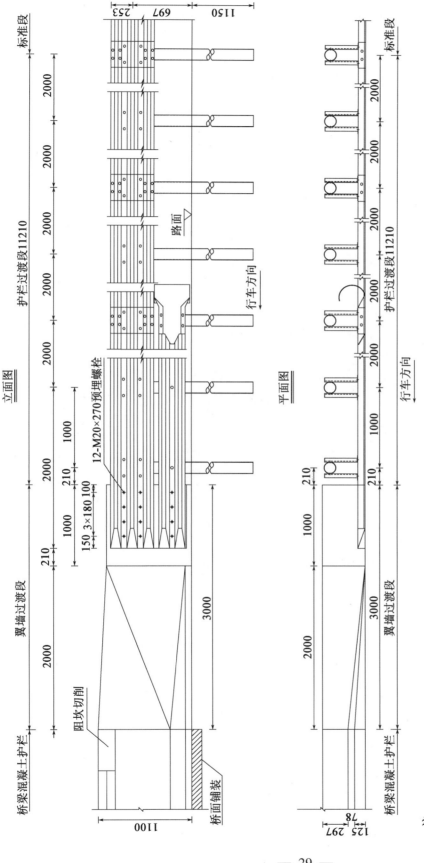

图 A.0.7 GN500不锈钢波形梁护栏与混凝土护栏过渡段结构示例

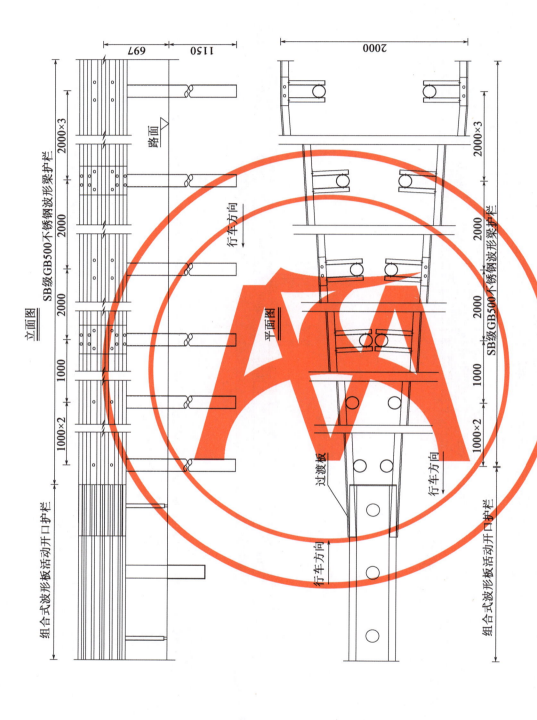

图 A.0.8 GN500不锈钢波形梁护栏与中央分隔带开口护栏过渡段结构示例

注：
1.本图中标注尺寸除特殊标注外，均以毫米(mm)为单位。
2.本图适用于SB级GN500不锈钢波形梁护栏与组合式波形板活动开口护栏过渡段结构一般布置，以护栏3m中央分隔带宽度示意，其他宽度可参照设计。
3.活动护栏与中央分隔带SB级GN500不锈钢波形梁护栏通过三波形梁板进行过渡段单元连接，一端通过螺栓与端部连接，另一端通过螺栓与中央分隔带护栏连接。
4.桥梁混凝土护栏、波形梁护栏与翼墙过渡段相连接端部位置按照《公路交通安全设施设计细则》(JTG/T D81—2017)附图C.2.14进行过渡。
5.中央分隔带SB级GN500不锈钢波形梁护栏应平顺过渡变。

GN500不锈钢波形梁护栏一般构造示例

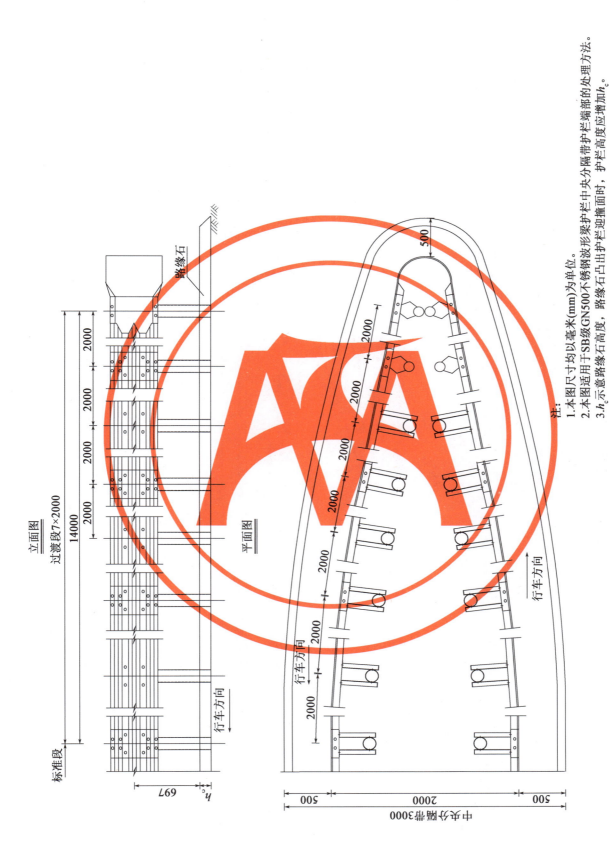

注:
1. 本图尺寸均以毫米(mm)为单位。
2. 本图适用于SB级GN500不锈钢波形梁护栏中央分隔带护栏端部的处理方法。
3. h_c示意路缘石高度,路缘石凸出护栏迎撞面时,护栏高度应增加h_c。

图 A.0.9 GN500不锈钢波形梁护栏中央分隔带分设型护栏端头结构示例

— 31 —

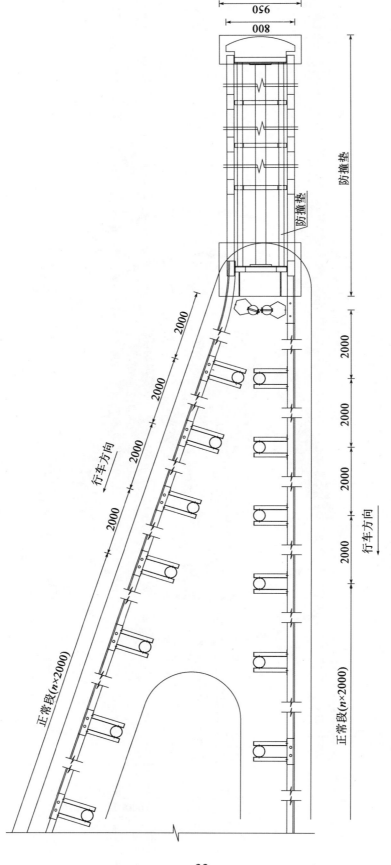

图 A.0.10 GN500不锈钢波形梁护栏三角地带护栏布设示例

注：
1.本图尺寸均以毫米(mm)为单位。
2.横梁的搭接方向应与行车方向一致。
3.护栏平面布设及端头半径应根据三角地带的线形确定。
4.本图适用于立交分、合流及匝道分岔端部SB级GN500不锈钢波形梁护栏。

GN500不锈钢波形梁护栏一般构造示例

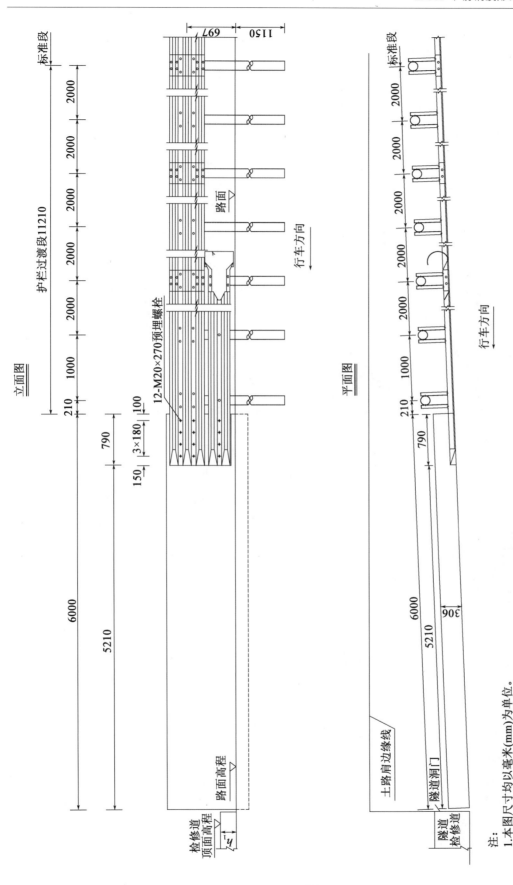

图 A.0.11 GN500不锈钢波形梁护栏隧道入口处护栏端部处理结构示例

注：
1. 本图尺寸均以毫米(mm)为单位。
2. 本图适用于SB级GN500不锈钢波形梁护栏隧道入口侧的端部处理方法。
3. 本图渐变率不宜超过《公路交通安全设施设计细则》(JTG/T D81—2017)表6.2.2-2的规定值。
4. 本图中 h_1 为隧道检修道的高度。
5. 本图过渡翼墙与隧道洞口端部伸缩宽度应符合相关规定。

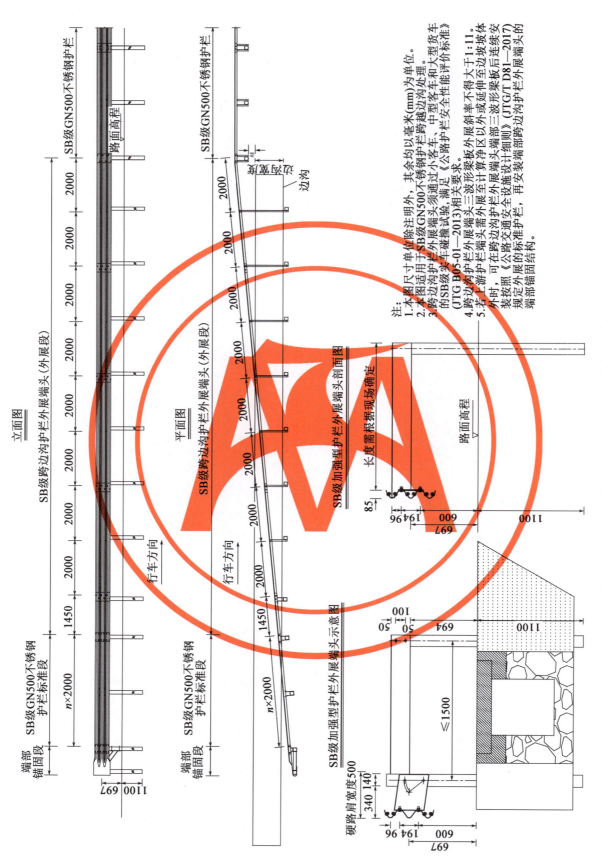

图 A.0.12 GN500 不锈钢波形梁护栏边沟外展式端头结构示例

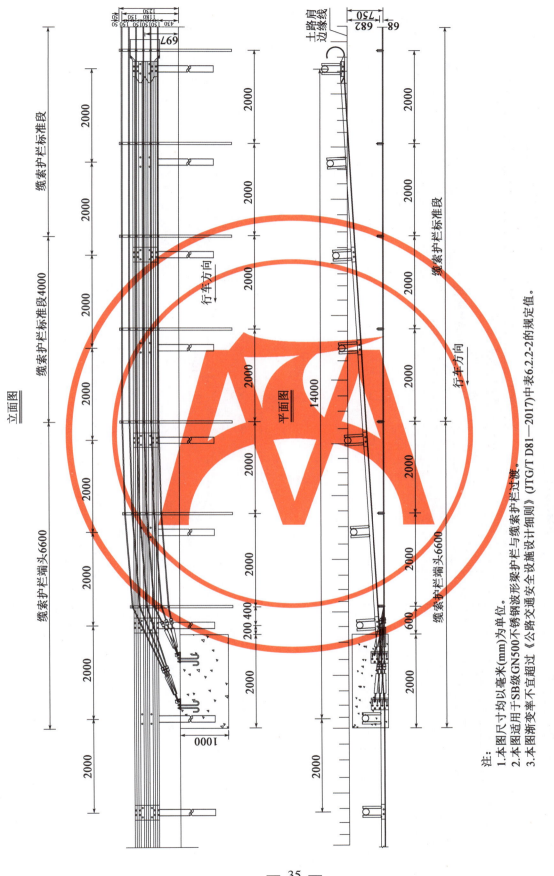

图 A.0.13 GN500不锈钢波形梁护栏与缆索护栏过渡段结构示例

注:
1. 本图尺寸均以毫米(mm)为单位。
2. 本图适用于SB级GN500不锈钢波形梁护栏与缆索护栏过渡。
3. 本图渐变率不宜超过《公路交通安全设施设计细则》(JTG/T D81—2017)中表6.2.2-2的规定值。

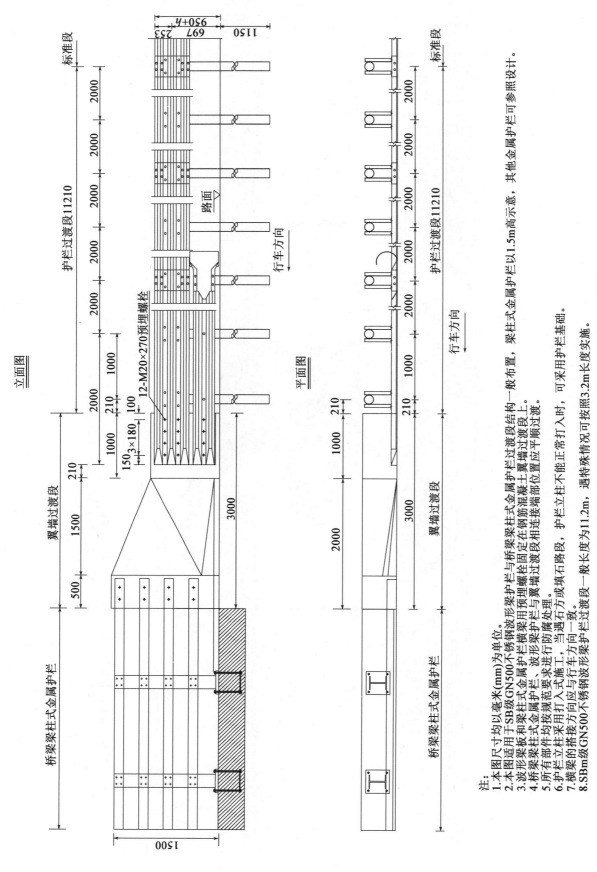

图 A.0.14 GN500不锈钢波形梁护栏过渡段结构示意图

本规程用词用语说明

1 本规程执行严格程度的用词，采用下列写法：

1）表示很严格，非这样做不可的用词，正面词采用"必须"，反面词采用"严禁"。

2）表示严格，在正常情况下均应这样做的用词，正面词采用"应"，反面词采用"不应"或"不得"。

3）表示允许稍有选择，在条件许可时首先应这样做的用词，正面词采用"宜"，反面词采用"不宜"。

4）表示有选择，在一定条件下可以这样做的用词，采用"可"。

2 引用标准的用语采用下列写法：

1）在标准总则中表述与相关标准的关系时，采用"除应符合本规程的规定外，尚应符合国家和行业现行有关标准的规定"。

2）在标准条文及其他规定中，当引用的标准为国家标准、行业标准、地方标准或企业内部标准时，表述为"应符合《××××××》（×××）的有关规定"。

3）当引用本规程中的其他规定时，表述为"应符合本规程第×章的有关规定""应符合本规程第×.×节的有关规定""应符合本规程第×.×.×条的有关规定"或"应按本规程第×.×.×条的有关规定执行"。